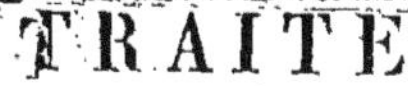

TRAITE

OGRAPHIE OPÉRATOIRE

TRAITÉ

D'UN NOUVEAU SYSTÈME

DE COULEURS

POUR

COLORIER LES ÉPREUVES ALBUMINÉES

LEIBER

ÉDITEUR

13, RUE DE SEINE, 13

PARIS 1866

AVANT-PROPOS

En 1860, nous publiâmes, dans l'*Annuaire des Sciences*, un petit traité qui nous valut de tels éloges, que nous le fîmes suivre de nos *Causeries photographiques*, et que nous nous étions proposé de continuer, en 1862, ce genre de publication, comme infiniment utile aux opérateurs. Cette année-là, cependant, notre travail alla beaucoup plus loin, et, au lieu d'un Manuel élémentaire, nous donnâmes notre *Photographie rationnelle*. Après ce grand travail, nous pouvions nous reposer, tout était dit, rien de nouveau à enregistrer. Mais ce n'est pas pour les *anciens* de la photographie qu'il est utile d'écrire : les journaux et les revues les tiennent au courant des essais et des découvertes, fausses ou vraies, que le monde entier publie ; et leur habitude du travail photographique les rend aptes à répéter toutes ces expériences. Mais il reste toujours la classe si nombreuse des *commençants*, elle trouve peu ou point à se procurer des ouvrages élémentaires, et il nous a paru utile de joindre, à notre catalogue, quelques instructions au courant de la plume, dont la rédaction, plus claire que savante, fût à la portée de tous, en présentant d'une manière nette et précise, les moyens de simplifier les manipulations et de réduire les théories à quelques propositions faciles à saisir et à mettre en pratique.

Felix qui potuit rerum cognoscere causas,

a dit Virgile. Ce bonheur-là doit être une obligation pour tout opérateur, soit qu'il veuille tirer parti de son art, soit qu'il veuille en faire une science d'agrément.

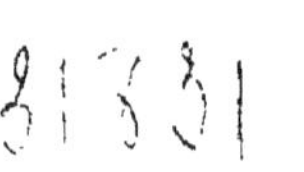

Au premier abord, rien n'est si facile, et bon nombre d'enthousiastes ont acheté des appareils avant d'avoir pris la première leçon, se sont mis bravement à l'œuvre et ont *réussi*... à perdre leur temps et leur argent. Il est incontestable, cependant, que l'élève peut arriver à de bons résultats en commençant : s'il a la chance de posséder un travail simple et bien fait sur les manipulations ; s'il a quelqu'adresse dans les mains et quelqu'esprit d'observation ; s'il a, surtout celui de ne pas se décourager vite, de suivre à la lettre son guide pratique, et d'opérer avec une propreté constante.

C'est dans ce but que nous publions ce Guide, avec la certitude qu'il deviendra d'une utilité absolue à tout commençant.

Toutefois, comme tout ouvrage de science, même le plus lucide, peut être encore difficile à comprendre, si l'expérience ou la démonstration fait défaut, nous nous mettons à la disposition de nos clients en leur offrant nos leçons gratuites, soit dans nos ateliers, soit par correspondance, bien persuadé qu'en nous rendant ainsi utile aux photographes, nous n'en travaillons que mieux à la prospérité de notre maison ; et, depuis quelques années, chaque pas que nous avons fait dans cette voie nous a confirmé dans nos prévisions. En effet, nos élèves trouvent nos produits parfaits, parce qu'ils savent les mettre en œuvre, et la fidélité de ces clients nous est garantie. Aux jours de défaillance, quelques-uns nous ont quitté, accusant les substances d'impureté ; mais ils n'ont pas tardé à nous revenir en faisant leur *meâ culpâ*.

Notre intention est de persévérer dans cette méthode, qui, ayant pour objet de fabriquer de bons produits et pour but de former de bons élèves, doit avoir pour résultat de favoriser et de faciliter les progrès de l'art photographique déjà si avancé, mais encore si loin de l'idéal qu'il peut légitimement espérer atteindre.

A. Belloc.

TRAITÉ DE PHOTOGRAPHIE OPÉRATOIRE

Le Verre et la Glace.

OBSERVATIONS.

La glace est le meilleur des supports du collodion ; le décapage s'opère rapidement et parfaitement. Elle est plane, et, si le négatif est parfait de finesse et de pureté, le positif sera, aussi, parfait de tous points.

Le verre n'a, sur la glace, que l'avantage du bon marché ; car, quels que soient le choix et le prix, il est toujours légèrement ondulé et poreux ; de là, difficulté du nettoyage et impossibilité souvent d'obtenir, avec un négatif plein de fermeté et de finesse, un positif semblable : la pression du châssis-presse ne pouvant s'exercer également.

Nettoyer la glace.

PREMIÈRE OPÉRATION.

A l'aide de la boîte-tamis, mettez sur la glace de la potée rouge ou protoxide de fer, et 5 à 6 gouttes d'acide nitrique. Avec un tampon de linge promenez cette pâte sur le verre pendant une minute.

Avec un second linge, essuyez les épaisseurs du verre, et ce premier frottis, fortement et de manière à sécher parfaitement la glace.

Avec un troisième tampon propre et quelques centimètres cubes d'éther, frottez de nouveau le verre jusqu'à ce que toute humidité ait disparu, ce qui n'est pas long et ce dont on s'assure en condensant la vapeur de l'haleine sur le bon côté. Si, vue par *transparence*, la buée ne forme ni taches, ni rayures, ni aspect graisseux, la glace est propre, on doit l'enfermer dans une boîte. Elle conserve sa propreté pendant plusieurs jours. C'est une erreur de retoucher à la glace au moment de la mettre en œuvre.

OBSERVATIONS.

L'alcool, l'ammoniaque, l'eau même, peuvent concourir au décapage du verre, et, faute d'acide nitrique, on pourrait assurément avoir recours à un autre liquide ; mais l'opération serait moins prompte et moins *finie, moins certaine*. Du reste, quel que soit le moyen employé, si la glace est couverte d'une image, il faut l'enlever d'abord avec de l'eau si le cliché n'est pas verni, avec de l'ammoniaque s'il est verni. On répand quelques grammes de ce liquide sur un des clichés et l'on colle l'autre dessus ; en quelques secondes, la couche peut être enlevée parfaitement. De tous les systèmes de nettoyages, le plus rapide est celui que nous donnons. Trois tampons distincts, qui peuvent servir une journée entière, suffisent si on ne les salit pas avec les mains ; le dernier qui doit finir est meilleur après quelques glaces polies : il contient plus d'éther. Dix minutes suffisent au polissage complet et parfait d'une normale.

Collodionner la glace.

DEUXIÈME OPÉRATION.

Enlever la poussière avec un fort pinceau (1), mettre le collodion sur un angle, en le versant par un petit filet continu, jusqu'à ce qu'on juge qu'il y en a assez ; couvrir la glace du liquide en inclinant la main de manière à l'amener sur toutes les parties sans se précipiter, sans acoup et surtout sans toucher le doigt ; recevoir l'excès dans le flacon en y posant l'angle de la glace. Avant que les dernières gouttes soient tombées, incliner la glace de droite

(1) N'oublions pas que le laboratoire doit être dans une obscurité absolue pour toute opération où il y a formation d'iodure ou de chlorure d'argent.

à gauche et la ramener sur la verticale, afin que ce liquide qui se fige, ne se fixe pas sur ses rides diagonales. La glace étant dans cette position, avec le revers du doigt s'assurer que le collodion est presque sec ; plonger alors la glace dans le bain, d'un seul coup, en soulevant la cuvette, de manière à amener le liquide dans le bas, pendant qu'on met la glace dans le haut, laisser tomber la cuvette soulevée, qui, dans ce mouvement, ramènera le bain rapidement et couvrira le collodion. Agiter le bain en faisant subir à la cuvette un mouvement de basculage. Ce bain passant ainsi et repassant aura plus tôt enlevé l'aspect huileux qui couvre la couche, et lorsque, vu à jour frisant, cet aspect aura disparu, soulever la glace avec un crochet et la saisir par un angle avec un morceau de papier buvard. Laisser égoutter un instant et la mettre dans le châssis.

Exposition dans la chambre noire.

TROISIÈME OPÉRATION.

Il est bien entendu qu'avant de mettre la glace en œuvre, on a dû préparer une chaise, un appui-tête, une table, etc., tout un petit mobilier, qui encadre et remplisse le fond ; on a dû également donner la première direction à la chambre noire, placer le modèle et déterminer la pose. Ces précautions sont surtout nécessaires en été où, par un trop grand retard, la couche impressionnée pourrait se présenter trop sèche sous l'agent révélateur.

Cela fait, placez le modèle très-exactement au foyer sur la glace dépolie, et de telle sorte que l'ensemble lui-même soit également au foyer, ce que vous obtiendrez en plaçant le corps du modèle presque de profil, pendant que la tête sera de trois quarts.

Enlevez la glace dépolie et remplacez-la par le châssis porte-glace. Faites poser le modèle pendant un temps que votre expérience personnelle peut seule déterminer; craignez moins de prolonger ce temps que de le tenir insuffisant.

Lorsque le temps de la pose vous a paru suffisant, fermez le volet, retirez le châssis de la chambre, rentrez dans le laboratoire, et procédez au développement de l'image.

OBSERVATIONS.

Nous devons nous borner à propos du temps de pose à quelques indications que l'opérateur intelligent saura bien approprier à tous les cas qui se présenteront dans sa pratique.

En pleine lumière directe, avec un objectif à portrait, on peut obtenir instantanément tous les objets à grande distance. Avec l'objectif à paysage et diaphragmé, on peut également saisir, en quelque sorte, au passage, les ciels nuageux, la mer, les vagues, les vaisseaux, etc.

En rapprochant les distances, mais en pleine lumière diffuse et avec l'objectif double, on peut aussi obtenir, à l'instant même, un portrait en pied, de quelques centimètres de hauteur, tandis qu'il ne faut pas moins de 3 à 4 secondes, pour un portrait plaque normale dans les mêmes conditions de lumière. Un monument blanc ou de couleurs claires peut être reproduit en 20 secondes avec l'objectif simple fortement diaphragmé. Le paysage vert demande 40 secondes, la gravure, 3, 6 ou 10 minutes, suivant la distance de l'objectif au sujet, et en vertu de cette loi, que la couche sensible est d'autant plus rapidement impressionnée que l'on opère à une plus grande distance du sujet, et d'autant plus fortement que le sujet est plus lumineux.

Quel que soit le temps de la pose, la couche sensible a été décomposée plus ou moins, et l'agent révélateur amènera l'image à un point plus ou moins près de la perfection. Si le temps de la pose n'a pas été assez long, l'image sera très-noire sur les parties lumineuses du modèle, et ne sera pas *venue* dans les parties noires. Si, au contraire, l'image est restée grise dans les parties blanches, ou si elle est grise également partout, c'est que le temps de la pose aura été dépassé.

De toutes ces opérations, la plus difficile est, certainement, l'appréciation du cliché. Un cliché, pour être parfait, doit venir *inversement*, du même ton que le modèle. Le haut du front, la côte du nez, la pommette de la joue, en un mot, toutes les parties éclairées doivent être presque noires, et les autres parties, dans des tons relatifs, c'est-à-dire inverses, d'ombre et de lumière. L'habit le plus noir doit accuser des détails dans ses parties les plus ombrées. Du reste, à la première épreuve positive qu'il fera, l'opérateur s'apercevra des défauts de son cliché. Si son cliché est faible, la figure sera grise, sans éclat, sans modelé ; les habits seront sans détails et sans relief.

On peut quelquefois remédier à la faiblesse d'un cliché, même après qu'il a tiré des épreuves. Il suffit pour cela de le mouiller et de le soumettre de nouveau à la solution d'acide pyrogallique mêlée d'argent, si toutefois le cliché n'a pas été verni.

Développer l'image.

QUATRIÈME OPÉRATION.

Dans un flacon à large ouverture, mettez une solution décantée ou filtrée de sulfate de fer ammoniacal et répandez-la immédiatement, sans temps d'arrêt sur la couche : maintenez cette solution sur la glace en la tenant horizontalement, mais en inclinant légèrement la main de gauche à droite, afin que le liquide agisse encore *également* pendant une minute ou deux.

Au bout de ce temps, le révélateur n'agit plus sur l'image; rarement, aussi, est-elle complète, à moins d'un temps de pose exagéré.

Si donc l'image est trop faible, il faut la renforcer. A cet effet, lavez l'épreuve jusqu'à ce qu'elle n'ait plus l'aspect huileux.

Renforcer l'épreuve négative.

Mettez environ 30 centigrammes de solution d'acide pyrogallique dans un vase à bec, et à peu près 3 centigrammes solution de nitrate d'argent; tenez la glace horizontalement et répandez le liquide sur la couche, de telle sorte que la surface en soit couverte entièrement et sans temps d'arrêt. Maintenez la glace ainsi, mais en inclinant de droite à gauche comme précédemment, afin que le liquide agisse également partout; versez le liquide dans le vase, regardez l'épreuve par transparence et continuez de reverser ce même liquide sur l'épreuve jusqu'à ce qu'elle soit à *point*.

Lorsque l'image est en voie de formation par les arrosages successifs de l'agent révélateur, il faut tenir la glace de manière à ne pas perdre de vue les progrès de son développement, car si, dans beaucoup de cas, l'image se complète assez lentement pour que l'opérateur soit à même de juger et de suspendre l'effet du réactif, il arrive aussi parfois que l'image est à son dernier point dès le premier ou le second arrosage; il est alors urgent de chasser le réducteur en lavant la glace, ne fût-on pas même certain que le développement est complet, car l'opérateur sera toujours maître de continuer le développement s'il juge l'image trop faible.

Il y a d'autant plus lieu d'agir ainsi, qu'il vaut mieux avoir un cliché un peu faible que trop venu. Il n'y a point de remède à un négatif *noir*, tandis qu'on peut renforcer un cliché trop *faible* (1).

(1) Pour les glaces de grandes dimensions, on peut commencer le développement dans une cuvette profonde et procéder de la même manière que pour sensibiliser la glace dans le bain d'argent.

On peut développer l'image avec de l'acide pyrogallique sans le secours des sels de fer. Nous dirons dans quel cas on doit donner la préférence à l'un ou à l'autre de ces révélateurs, ou les faire se succéder afin d'en obtenir les meilleurs résultats.

Fixer l'épreuve négative.

OBSERVATIONS.

Deux agents peuvent désioder le cliché : le cyanure de potassium et l'hyposulfite de soude. Nous donnons la préférence à ce dernier sel, qui a sur l'autre l'avantage de respecter les plus faibles demi-teintes du cliché, et d'être surtout parfaitement inoffensif, tandis que le premier détruit les demi-teintes, rend le cliché trop translucide et est un poison violent. Nous ne le reconnaissons indispensable que pour les positifs directs sur verre.

CINQUIÈME OPÉRATION.

Tenez le cliché horizontalement et versez dessus une solution saturée d'hyposulfite ; en quelques secondes l'iodure d'argent libre aura disparu. Regardez la glace par transparence ; si la dernière trace de l'iodure (couleur blanc jaunâtre) est dissoute, lavez ; lorsque le cliché aura été soumis à un lavage assez long, qui a pour but d'enlever l'hyposulfite, posez la glace sur du papier buvard et contre le mur, le collodion lui faisant face.

Le cliché peut être séché devant le feu, mais non à la lampe qui pourrait le casser. Lorsque le cliché est sec, on doit le vernir ; c'est le plus sûr moyen de protéger le collodion. La gomme en solution est une demi-mesure qui ne met pas complétement l'image à l'abri des injures de toute sorte que lui prépare un long tirage.

Vernir le cliché.

SIXIÈME OPÉRATION.

Devant un feu de braise, faites sécher le cliché s'il est

humide ; que la glace soit chaude, à être appréciée au toucher avant d'étendre le vernis. Etendez-le de la même manière que le collodion. Eloignez la glace du feu, mais lorsque la dernière goutte de vernis est tombée, approchez-la encore un peu ; le vernis sera brillant et sec.

Positifs sur verre ou sur toile.

Tout collodion propre au négatif peut donner de bons résultats en positif direct. Il en est de même du bain ; mais le relief sera plus saisissant, si l'on affaiblit le collodion par 1/5 à peu près d'éther. Il n'y a rien à changer à la manière d'opérer ; on doit seulement faire poser moins longtemps, éclairer plus durement le modèle, développer au bain de fer, ne pas renforcer au pyrogallique et fixer au cyanure de potassium. On vernit, comme il est prescrit. Sur ce vernis, on peut colorier à couleurs sèches, et appuyer l'épreuve sur un papier noir. On peut aussi employer du verre violet au lieu de verre blanc. Le verre de couleur fait un joli effet.

Moyen d'obtenir des fonds dégradés sans le secours du verre-vignette.

OBSERVATIONS.

Le verre de couleur, dit verre à dégrader ou verre-vignette, est entaché de plusieurs défauts qui le rendent peu propre à rendre les services divers que l'opérateur est en droit d'exiger ; en outre il est très-cher et, comme il faut une quantité considérable de toute ouverture de ces engins fragiles, nous avons cherché à les remplacer utilement et à peu de frais.

SEPTIÈME OPÉRATION.

Sur les bords de la glace même, et non *sur l'épreuve*, posez 5 ou 6 millimètres de colle ; couvrez avec une feuille de papier calque ; laissez sécher.

On peut mouiller légèrement le papier; il s'étend mieux en séchant. Sur ce papier vous pouvez, à votre goût, tracer un ovale avec du *crayon de Sausse, noir*, puis avec une estompe, fondre un peu les contours, etc.; enfin, avec du papier *nitraté de rebut* ou du papier jaune, éliminer toute lumière du reste du cliché.

Si vous voulez dégrader l'épreuve presque carrément aux aisselles, même procédé.

Si vous voulez un fond parfaitement blanc, même procédé encore; avec l'estompe, vous promenez le crayon aussi uniment que possible et jusqu'au *plus près* des contours de la figure, etc. Cette opération se fait très-bien par transparence, le soleil frappant sur l'épreuve. Ce genre permet en outre une légère retouche préalable, c'est-à-dire que l'on peut donner une lumière vive à la joue, au front, etc. Si le cliché est d'un ton trop uniformément gris, on peut faire un ciel à un paysage, avec nuages et dégradations. Si les mains sont trop noires, un coup d'estompe suffit pour les mettre à l'unisson de la figure. En un mot, il n'est pas d'effet qui ne puisse surgir sous ce moyen, mis en pratique par une main un peu adroite.

Nous pourrons envoyer un spécimen, si l'on ne comprend pas très-bien le procédé.

SOLUTIONS DIVERSES.

Collodion ioduré, inaltérable et instantané.

Coton soluble........	2 gr.	Si l'on veut donner une couleur jaune huile, on peut y ajouter gros comme une tête d'épingle d'iode sublimé. Nous pensons que cette addition ne saurait être inutile.
Iodure cadmium......	1 gr.	
Iodure d'ammoniac...	0 80 cent.	
Bromure de cadmium.	0 80 cent.	
Ether à 62°.........	125 c. c.	
Alcool à 40°.........	125 c. c.	

Quand nous disons inaltérable et instantané, il est bien entendu que c'est relativement; mais que, toutes choses égales d'ailleurs, il est aussi inaltérable et aussi instantané que tous les collodions que l'on vend et que l'on prône pompeusement avec ces deux épithètes. Puis, suivant la température, il est évident que la formule peut varier, mais de si peu, que nous pouvons assurer le succès quatre-vingt-dix-neuf fois sur cent.

Bain d'argent négatif.

Eau distillée...	250 c. c.	Lorsque la dissolution est complète, ajoutez 15 c. c. collodion ioduré.
Nitrate d'argent	15 gr.	

Agitez et filtrez. Sans cette précaution, un bain neuf ferait peut-être des clichés voilés. Pour remédier à l'usure et à l'appauvrissement de ce bain en service, faites-en un autre.

Eau	250 c. c.	Vous ajouterez au précédent à mesure qu'il diminuera.
Nitrate d'argent	18 gr.	

Bain de fer ammoniacal.

Eau........................	1,000 c. c.
Sulfate de fer ammoniacal....	60 gr.
Acide sulfurique.............	quelques gouttes.

Cet acide a pour but d'empêcher le bain de jaunir, de s'oxider. Il restera toujours d'une couleur blanc-verdâtre.

Au moment de l'employer, filtrez ou décantez et ajoutez environ 5 p. % d'acétique cristallisable, ne décantez que 100 gr. environ, de manière à employer dans la journée la solution mélangée d'acide acétique.

La manière de jeter la solution de fer sur la glace est pour beaucoup dans la formation des taches ; il faut même employer des précautions lorsque l'on plonge la glace dans une cuvette, car le moindre temps d'arrêt se traduit par un *fil* ou par des *racines*. Si l'on jette la solution de fer sur la glace, il faut que la nappe de liquide atteigne du coup la surface de la glace, que ce liquide y soit maintenu; le couvrant toujours, sous peine de voir se produire des taches. Hésiter, jeter lentement le révélateur, quel qu'il soit, c'est produire des solutions de continuité, c'est-à-dire, des marbrures, des jaspés, des racines, etc.

Répétons encore qu'après ce développement l'image est *bien rarement à point*, et qu'il est besoin de *pyrogallique* additionné d'argent pour continuer l'effet commencé. Dans ce cas, l'image ne se tache plus ; il faudrait des efforts de maladresse pour arriver à un mauvais résultat. Mais elle peut se voiler, si le *renforçage* a lieu sur une surface mal impressionnée par la lumière, l'agent le plus énergique ne pouvant tenir lieu du défaut de pose ou de lumière.

La solution de sulfate de fer, a le privilége de dispenser de quelques secondes de pose, et, en hiver elle est d'un grand secours. Elle est aussi indispensable lorsque l'opérateur n'a qu'une lumière d'un côté et point ou presque point de l'autre. Mais, dans les beaux jours et dans un atelier de pose bien éclairé, l'acide pyrogallique est préférable ; il ne produit pas de taches et donne des clichés d'un grand relief. Du reste, cette solution est toujours indispensable pour amener *à point* le cliché, dont l'image, venue par le fer, est *bien rarement* assez vigoureuse pour donner de bons positifs sur papier.

Bain révélateur au pyrogallique.

SOLUTIONS.

Eau	150 c. c.	1re solution.
Acide pyrogallique	1 gr.	
Acide acétique crist. (1)	3 c. c.	
Eau	100 c. c.	2e solution.
Nitrate d'argent	3 gr.	

(1) On peut remplacer cet acide par l'acide citrique, un demi gramme suffit.

Si l'on donne la préférence au pyrogallique, on peut l'employer seul dès le début ; mais, si l'on change la solution lorsqu'elle devient trop rouge et boueuse, il faut, après avoir rincé le vase, mêler, en parties égales, la première et la deuxième solution ; l'acide pyrogallique seul n'agirait pas. Il en sera de même pour renforcer le cliché, développé d'abord au sulfate de fer.

FIXATEURS.

Bain d'hyposulfite de soude.

Eau..............................	1,000 c. c.
Hyposulfite......................	500 gr.

Bain de cyanure de potassium.

Eau..............................	1,000 c. c.
Cyanure..........................	30 gr.

Il n'est pas besoin de répéter que ce dernier fixateur n'est utile que pour les positifs directs ; qu'il faut se méfier de son action dissolvante sur l'iodure libre et même sur l'image, qu'il peut enlever ; que ce n'est qu'une question de force ou de temps ; qu'il faut, en un mot, le considérer comme un poison violent et prendre les précautions les plus minutieuses pour éviter les accidents.

DES VERNIS.

Un vernis, pour être parfait, doit réunir plusieurs conditions. Inattaquable à l'ongle et ingerçable, il doit pouvoir rester exposé dans un châssis pendant plusieurs heures, et sous un soleil de 30 à 35 degrés centigrades, sans rester adhérent au papier qui le couvre. Il faut donc qu'il soit composé de trois éléments, c'est-à-dire de trois résines de nature différente. La gomme Elemi, la sandaraque et le benjoin nous ont donné le moyen de résoudre le problème, et le vernis que nous composons ainsi est certainement le seul qui puisse remplir les conditions du programme. Cependant, si le photographe, pris au dépourvu, n'a que du benjoin sous la main, il peut composer son vernis ainsi :

Alcool à 40°....................	100 c. c.
Benjoin.........................	12 gr.

Après deux ou trois jours, cette solution peut être filtrée.

Photographie monumentale — Du collodium sec

OBSERVATIONS.

On appelle collodion sec celui qui est destiné à recevoir les images loin du laboratoire, et qui conserve plus ou moins longtemps sa sensibilisation. Plusieurs moyens peuvent être employés pour obtenir ce résultat, tels que l'hydromélite, les sirops, la gélatine, les mucilages de toutes sortes. Toutefois, le procédé Taupenot et le collodion à la résine n'étant pas, comme les autres, destinés à conserver la couche humide, nous paraissent mériter seuls la dénomination de collodion sec. Chaque opérateur en a, du reste, imaginé et *confectionné* au moins un, auquel il n'a pas manqué de donner, non-seulement un brevet de perfectionnement, mais même un brevet de perfection. Ces divers procédés, exclusivement exaltés par leurs auteurs, ont donné lieu à d'assez vives polémiques. On a très-longuement discuté les questions de savoir s'il convenait de mettre de la résine dans le collodion, de le faire dense sans alcool ou avec excès de ce liquide, lequel des deux collodions, parchemineux ou pulvérulent, méritait la préférence, etc. Toutes ces controverses sont restées à peu près sans issue, et l'amour-propre des auteurs est venu les compliquer de manière à les embrouiller de plus en plus, sans compter que la question de priorité est venue plus d'une fois passionner et envenimer le débat. Quant à nous, notre opinion, basée sur

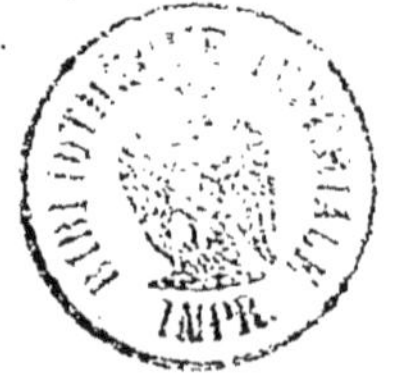

notre expérience, est que tous ces procédés sont fort bons entre des mains habiles, et qu'ils ont dû à peu près également échouer tous, lorsqu'ils ont été mis en usage par des opérateurs novices qui ne savaient pas remédier aux inconvénients qui pouvaient se présenter. Cela ne veut pas dire pourtant que nous n'accordions pas une supériorité relative à l'un d'entre eux. Nous donnons la préférence au collodion au tannin, comme procédé facile et peu embarrassant. Aussi n'entendons-nous pas parler du collodion au tannin du major Russel, dont le procédé si compliqué est fait pour dégoûter le plus intrépide, mais du collodion simplement *tannisé* et traité presque comme le collodion que nous venons de décrire, et qui est connu sous le nom de procédé humide. Il ne peut être mis en usage que lorsque l'opérateur est près de son laboratoire; hors de là il n'est guère praticable ; car s'il ne peut disposer d'une tente ou d'un abri quelconque qui lui en tienne lieu, et qu'il soit obligé de préparer ses glaces avant l'excursion et de revenir ensuite dans son laboratoire pour y développer l'image, il suffit que dix minutes se soient écoulées pendant ces diverses opérations, pour que la solution argentique qui a donné la sensibilité au collodion, soit évaporée et laisse, sur la couche iodurée, du nitrate d'argent en excès. Ce nitrate dissoudra l'iodure, et le collodion deviendra collodion normal, taché seulement de quelques astérisques de sels d'argent.

Pour éviter tous ces embarras aux opérateurs qui fonctionnent loin de tout laboratoire, on doit modifier le procédé du collodion humide de la manière suivante :

OPÉRATION.

Reprenez la glace au sortir du bain d'argent ruisselante encore et prête à être mise en œuvre (page 7).

Le collodion, qui a puisé dans ce bain son principe sensible, a, en même temps, enlevé une assez grande quantité de la solution argentifère, qui, en séchant, eût détruit l'iodure d'argent de la couche.

Plongez donc la glace dans l'eau distillée, agitez la cuvette, changez cette eau deux ou trois fois, et finissez en rinçant la glace. Quand le collodion sera complétement débarrassé par le lavage de la solution argentifère superficielle, vous couvrirez la couche de collodion d'une solution de tannin (1) de la même manière que pour couvrir la glace de collodion, en laissant, toutefois, séjourner plus longtemps la masse du liquide; rejetez-la ensuite, répandez une seconde couche de tannin, jetez-la encore, posez l'angle de la glace sur un papier buvard, puis enfin placez-la à l'abri de toute lumière.

Cette couche conservera l'iodure d'argent, encore assez sensible, cependant le temps de la pose devra être à peu près doublé.

Il est très-important, pour ce procédé, que la préparation de la glace soit faite pendant la nuit, ou, du moins, dans un laboratoire complétement privé de lumière; préparées par ce moyen, les glaces se conservent sensibles pendant longtemps. Afin d'assurer au collodion une adhérence plus grande sur les bords de la glace, il est bon de passer une couche de vernis tout autour, sur une largeur de 5 millimètres, de même que lorsque l'épreuve sera développée, fixée et lavée, il sera prudent de protéger le négatif d'une solution de gomme à 4 pour cent pendant que le collodion est humide, et afin de l'empêcher de se détacher de la glace, ce qui arrive fréquemment si l'on ne prend cette précaution.

Après avoir impressionné la glace dans la chambre

(1) SOLUTION

Eau distillée.	1,000 c. c.	Cette solution doit être faite quelque temps à l'avance; elle se conserve sans altération.
Tannin	40	

noire, on peut différer le développement, mais il est des précautions à prendre avant de la soumettre à l'agent révélateur. Il faut la mettre un instant dans l'eau, puis dans un bain faible d'argent, puis enfin la couvrir de la solution d'acide pyro-gallique (page 16) et prcoéder aux autres opérations comme s'il s'agissait du collodion humide.

Positif sur papier

OBSERVATIONS

Les papiers salés simples ou albuminés salés se trouvent dans le commerce, et aujourd'hui les opérateurs se dispensent de cette première préparation ; nous la passerons donc sous silence et nous nous bornerons à décrire la seconde.

SOLUTION

Faites un bain de :

Eau distillée.............	500 gr.
Nitrate d'argent cristallisé.	60 gr.

Cette solution, faite d'avance, sera filtrée dans une cuvette destinée spécialement à cet usage. On aura soin de l'enrichir à mesure qu'elle s'appauvrira par la préparation des feuilles. Chaque feuille normale enlève à peu près 0,25 centigr. d'argent. Il est donc urgent, après la préparation d'une vingtaine de feuilles, d'ajouter à la solution appauvrie 50 centim. cubes d'eau contenant 12 ou 15 gr. d'azotate d'argent, titre nécessaire et dans les conditions voulues, pour obtenir au virage et au fixage des épreuves, les tons les plus harmonieux (1).

(1) Aujourd'hui, les albuministes mettent si peu, si peu de sel dans les papiers qu'il est possible de préparer avec des bains faibles, parce que la quantité de sel n'appauvrit pas le bain aussi vite. Il arrive, même parfois, que le papier étant peu salé, si le bain sur lequel il repose est à 15 ou 20 p. 100,

PREMIÈRE OPÉRATION.

Mettez, dans une cuvette plate, une couche de cette solution, haute de 5 à 6 milli. : prenez, par les deux angles opposés, une feuille de papier et faites, à l'angle droit, une corne de 15 milli. environ *fortement reployée sur elle-même* (1), posez le bon côté sur le bain, en abandonnant l'angle que tient la main gauche et accompagnant la feuille de la main droite. Si la lumière est à droite, elle éclairera la ligne du bain à mesure qu'il mouillera la feuille et vous avertira des solutions de continuité. Laissez-la sur ce bain pendant 5 minutes. Relevez-la par la corne et piquez le coin sec sur le liége destiné à le recevoir.

Lorsque la feuille est à peu près sèche, terminez le séchage devant un feu de braise ; le papier albuminé doit être très-sec, *cassant*, c'est une des conditions pour obtenir un beau *virage*, *brillant*, *bleu-noir*, *avec blancs nacrés*.

Tirage de l'épreuve positive

2e OPÉRATION.

Nettoyez avec soin la glace qui porte l'épreuve négative et la glace du châssis-presse ; posez le négatif sur la glace du châssis, le collodion en dessus ; couvrez-le avec le côté préparé du papier positif, sur lequel vous ajouterez

il se forme à la surface de la feuille des pleurs, comme sur un corps gras. Ces goutelettes sont autant de taches. Pour y remédier, affaiblir le bain.

(1) Tous les engins inventés dans le but de retirer la feuille du bain et de la suspendre, tels que : pinces, ficelles, bouchons, etc., ne valent pas cette petite corne *fortement* reployée ; il n'est même pas besoin de sablier ; au bout de 4 ou 5 minutes, elle s'est relevée perpendiculairement, et c'est par cet endroit sec que vous la prenez pour la *piquer* contre une planche du laboratoire munie de liége pour plus de facilité de recevoir l'épingle.

quatre feuilles de papier buvard ; abaissez les deux volets et mettez les crochets.

Exposez le châssis aux rayons directs ou à la lumière diffuse, mais autant que possible perpendiculairement à la direction du rayonnement lumineux.

On ne saurait déterminer le temps nécessaire à la venue d'une belle épreuve ; cela tient à la lumière et aussi au cliché qui peut être plus ou moins faible, plus ou moins opaque. En été, par un beau soleil, avec un cliché ordinaire, la moyenne n'est que de dix à quinze minutes, tandis qu'en hiver, par un temps sombre, avec un cliché vigoureux, il ne faut pas moins de plusieurs heures, sinon même une journée entière.

Dans tous les cas, on doit laisser l'image *se faire* plus noire que le modèle, et dépasser le ton que l'on veut obtenir, puisqu'elle perdra naturellement au fixage, et qu'il n'y a pas moyen de renforcer une épreuve faible, tandis qu'on peut toujours affaiblir une épreuve trop venue. Du reste, il est facile de l'amener à point et de l'arrêter à temps, puisqu'on peut, à chaque instant, en ouvrant un volet, s'assurer du degré de vigueur et de développement auquel elle est parvenue.

Au sortir du châssis presse, mettez vos épreuves dans l'eau ordinaire et laissez-les dans cette eau jusqu'au moment où vous avez fini de tirer, puis vous procéderez au virage.

Bain de virage pour les épreuves sur papier albuminé.

SOLUTION.

Dans un mortier, mettez :

Acétate de soude fondu.	30 gr.
Hypochlorite de chaux..	1/2 gr.

Broyez de façon à mélanger l'hypochlorite qui, sans

cette précaution, surnage et se dissout difficilement, puis ajoutez quelques gouttes d'eau, et enfin, mettez cette pâte dans un litre d'eau distillée. Agitez, laissez dissoudre. Et ajoutez 1 gr. chlorure d'or pur et brun, c'est-à-dire parfaitement desséché. Agitez et laissez combiner pendant 24 heures. Dans cet état, la solution se conserve indéfiniment.

Virage.

3e OPÉRATION.

Mettez dans une cuvette 200 c. c. de cette solution, et 8 ou 10 cartes par exemple. Agitez, retournez et retournez les épreuves jusqu'à ce que, *vues par transparence*, elles aient atteint le ton *bleu noir*, alors mettez-les dans l'eau. Ce lot d'épreuves étant viré, prenez un autre lot et mettez-le dans la même cuvette : peut-être sera-t-il utile d'y ajouter un peu de virage neuf. Continuez comme pour les précédentes. Abandonnez-les un instant et mettez les précédentes (qui viennent de se dégager un peu) dans la solution d'hyposulfite (1), laissez-les s'y fixer pendant 20 minutes à peu près. Surtout pendant cette double opération que les doigts qui viennent de toucher à l'hyposulfite ne touchent point aux épreuves dans le virage, il se produirait immédiatement une sulfuration qui mettrait l'épreuve au rebut. Si l'action du virage a été assez prolongée, l'épreuve ne rougira pas dans l'hyposulfite. Si l'action du virage a été trop prolongée, l'épreuve sera un peu gris-bleu. Aussi est-il important de ne négliger aucune recommandation si l'on veut un virage uniforme et satisfaisant (2).

(1) La formule pour cette solution est peu importante ; elle peut être à 15 ou 30 p. 0/0, sans inconvénient, à saturation même. L'essentiel c'est qu'elle ne soit point acide. On peut y mêler gros comme une noix de craie Lévigée.

(2) Lorsque l'on fait des Epreuves fond blanc, il est important de n'employer que du virage neuf. Celui qui a déjà viré une douzaine d'épreuves donne au fond blanc, une nuance verdâtr

OBSERVATIONS ET CONSIDÉRATIONS.

Papier qui vire (il en est qui ne vire pas, et le papier Saxe principalement, reste d'un ton *noir lourd*);

Bain d'argent de 10 à 15 pour 100, plutôt acide que alcalin;

Sur ce bain, la feuille pendant 5 minutes;

Cette feuille sèche à l'*excès* devant le feu, même en été;

Un beau cliché;

Un tirage vigoureux;

Et dans le virage, l'épreuve *bleu-noir, vue* par transparence; telles sont les conditions principales qui, avec les soins et la propreté exigés, donnent à l'opérateur toute satisfaction.

Si le bain d'argent est faible, l'albumine se dissout et le rougit rapidement. — Si le bain est vieux, s'il est alcalin, le papier jaunit vite après sa préparation. Pour parer au premier défaut; il faut mettre dans le bain, 30 ou 40 gr. de kaolin; agiter fortement et laisser déposer. Le lendemain, on décante le liquide dans un filtre, et l'on ajoute environ 5 pour 100 de nitrate d'argent cristallisé.

Dans les bains vieux et alcalins, il faut mettre 3 à 4 gouttes d'acide nitrique.

Lorsque les épreuves sont fixées, il faut les mettre dans une cuvette d'eau, et renouveler cette eau, d'heure en heure, pendant 12 heures, au moins. Après le dernier bain on peut essorer dans un cahier de papier buvard, puis étendre ou suspendre pour laisser sécher. Les épreuves

peu harmonieuse. Certes, les auteurs qui ont conseillé de mêler le vieux virage au neuf, après filtration, sont de médiocres opérateurs. A défaut de pratique, ils eussent pu comprendre qu'on n'ajoutait au bain neuf qu'une solution riche en soude, mais fort pauvre en or; ceux qui en ont fait l'expérience malheureuse doivent être de notre avis.

faibles doivent être séchées devant un feu de braise, elles prennent un peu de vigueur.

Emarger, monter, satiner l'épreuve.

OPÉRATION.

Les Epreuves qui sont livrées sans passe-partout, telles que les cartes, doivent être émargées et collées sur carton. A cet effet, on pose sur une glace dépolie, l'épreuve à émarger, on pose le calibre en glace dessus, et avec une pointe en acier, on la coupe de grandeur. Pour bien coller cette épreuve, on doit se servir de colle d'amidon fraîchement faite, ou mieux d'une solution à froid de gomme arabique. On couchera l'épreuve sur un cahier de papier buvard, l'on passera sur l'envers, avec une *éponge* fine, et non avec un pinceau, le moins de colle possible, afin qu'au satinage, il n'y ait pas d'épaisseur en sillons qui s'écrasent et font tache. Puis on la placera sur la carte. Si c'est un fond blanc à monter, il est important de faire adhérer l'épreuve avec un linge fin un peu mouillé; on enlève ainsi les taches et la colle qui pourraient s'être fixées sur l'image. — On ne doit satiner ces épreuves que quelques heures après. Si l'on passe de l'encaustique sur l'épreuve, elle sera plus brillante, et à l'abri des taches produites par l'attouchement. Cette dernière opération se pratique en frottant l'épreuve avec un peu d'encaustique au bout du doigt, et terminant avec un tampon de flanelle.

Du laboratoire.

OBSERVATION.

Tout réduit obscur, entièrement fermé à la lumière.

peut devenir un très-bon laboratoire. Quelques planches à hauteur d'appui pour supporter les cuvettes et les châssis, une tablette supérieure pour les substances chimiques, voilà l'installation, sinon complète, du moins suffisante pour un opérateur.

La lampe ou la bougie nous semble encore le meilleur moyen d'éclairer le laboratoire; mais nous ne saurions trop recommander la plus grande prudence par rapport aux matières inflammables qui s'y trouvent réunies.

L'éther, l'alcool, le collodion, ne doivent y entrer que dans la quantité rigoureusement nécessaire à l'opération du jour. En collodionnant la glace, l'opérateur se tiendra aussi loin que possible de la lumière, et s'abstiendra de toute modification ou mélange d'éther, de collodion, etc. Il ne touchera jamais aux châssis, aux cuvettes, aux flacons, etc., sans avoir d'abord lavé ses mains avec le plus grand soin, ce qu'il fera de même après chaque opération négative, ainsi que lorsqu'il fera des filtres ou qu'il touchera à ses papiers photographiques. Nous dirions volontiers que la photographie est une sorte de cuisine dont le mérite et le succès dépendent en grande partie de l'exquise propreté du cuisinier. On comprend, en effet, combien il importe que les substances photogéniques soient à l'abri de tout contact des agents réducteurs ou désiodants.

De la disposition de l'atelier de pose, et du mode d'éclairement

Bien éclairer le modèle est une des conditions de réussite. L'éclairement venant du nord est le seul qui puisse donner un modelé convenable. Tout le monde ne possède pas une galerie vitrée, mais chacun peut établir facilement, improviser en quelque sorte un atelier de pose des plus convenables. A la campagne, dans une cour, dans un jardin, quatre pieux, une toile tendue au-dessus, un fond de couleur grise, deux rideaux latéraux mobiles, peuvent suffire. Placé dans cette espèce de guérite, le modèle pourra être plus ou moins éclairé suivant son teint et le caractère de sa physionomie.

Dans tous les cas, on aura soin d'éclairer le modèle de manière à éviter les oppositions trop fortes d'ombre et de lumière, il faudra que le grand côté du trois-quarts soit éclairé et que le petit côté soit dans la demi-teinte. Si l'on exposait le petit côté du trois-quarts à la lumière, l'ovale de la figure serait écrasé, le nez grossi, aplati et presque confondu avec la pommette de la joue.

Placez le modèle tournant le dos au soleil levant ou au soleil couchant et de face à l'objectif, de telle sorte qu'il n'ait qu'à se tourner un peu à gauche ou à droite, pour offrir le grand côté du trois-quarts au nord ou à peu près : dans cette position, il est probable qu'il sera éclairé sagement ; dans le cas contraire, une simple manœuvre du rideau de gauche ou de droite, suffira pour obtenir l'effet. Cette disposition s'applique aux galeries vitrées, mais dans ce dernier cas, il est bon d'orienter de telle manière, qu'on puisse disposer également les deux extrémités pour le modèle. La lumière du matin étant meilleure du côté où le modèle tourne le dos au couchant, celle du soir, au contraire, étant beaucoup plus blanche du côté du levant. La seule condition à remplir pour le paysage, c'est qu'il soit éclairé par une lumière oblique, et pour la reproduction d'une gravure, qu'elle soit parallèle à la chambre noire. Le paysage veut beaucoup de lumière, et la gravure un éclairement solaire perpendiculaire. Ces deux reproductions, paysage et gravure, doivent être faites par l'objectif simple diaphragmé et une chambre noire à grand développement ou tout au moins munie d'une rallonge antérieure.

COULEURS INEFFAÇABLES

pour colorier les épreuves albuminées (1).

Il est peu de photographes qui n'aient eu le désir de colorier eux-mêmes leurs épreuves albuminées, et qui n'aient mis en pratique plusieurs moyens pour arriver à ce but. Mais ces essais, toujours infructueux, malgré les quelques ficelles trouvées par plusieurs peintres, ont laissé subsister ce grand désidératum : on voit bien, de temps en temps apparaître une réclame sur un grand journal, mais la rédaction assez bizarre de l'article laisse pressentir le peu de foi que l auteur lui-même attache à son procédé *desinit in piscem,* on a bien eu les couleurs dites américaines, mais celles-là ont dégoûté à tout jamais ceux qui les ont essayées, et nous croyons pouvoir leur attribuer la froideur avec laquelle on a accueilli notre annonce d'un procédé vraiment admirable pour de nouvelles couleurs que nous avons eu le bonheur de composer. Les couleurs américaines, en effet, préparées à la benzine ont une odeur pénétrante qui a pour premier agrément de porter à la tête : de plus cette substance est éminemment évaporable et le flacon est si petit qu'il n'y a guère qu'une quantité suffisante au coloriage d'une robe.— En outre, il

(1) Depuis quelque temps, nous voyons figurer sur les journaux quelques articles en réclame, qui laissent supposer qu'on *a trouvé* la couleur dans la chambre noire. — Il n'en est rien, et ce temps est peut-être bien loin encore. — Ce qui a donné lieu a cette supposition, c'est le coloris, si beau et si brillant, que nos clients ont obtenu avec nos couleurs.

est difficile de bien coucher ces couleurs, et les carnations sont impossibles.

Nos couleurs sont toute autre chose.— Il y a dix flacons et ces dix nuances, peuvent, au gré de l'opérateur former autant de tons que ceux de la plus riche palette du plus habile peintre.

Elles se fondent, en se dégradant sous la main la plus inhabile, sont ineffaçables, ne donnent aucune épaisseur, laissent à l'albumine son brillant et son fouillé le plus profond et font, d'une épreuve médiocre, un vrai chef d'œuvre, en quelques minutes.— Le ton de chair si difficile à obtenir par l'aquarelliste, même le plus habile, naît, pour ainsi dire sous la main de l'*ouvrier* et peut à sa fantaisie être modifié sans fin.

Mais si ce nouveau produit est bien fait pour rendre heureux l'opérateur de province, éloigné de tout centre où un peintre peut venir à son aide, il doit être du plus grand secours au miniaturiste, qui ne sera plus dans la nécessité de gouacher, d'employer le blanc, les couleurs ternes et opaques, de couvrir ses peintures de plaques, et de voir disparaître ses œuvres, en très-peu de temps, par l'usage des terres et des métaux.

En un mot, nous considérons cette découverte comme un vrai bienfait et nous ne craignons pas de dire que *c'est un utile cadeau à faire à nos clients*.

En effet, on peut colorier une carte, quels qu'en soient les accessoires, en moins de vingt minutes et au prix de quelques centimes. — Chaque flacon contient le coloriage de plus de mille cartes, et à moins de casse, il est permis d'affirmer que pour la plupart, du moins, l'emplette n'aura pas besoin d'être renouvelée.

Nous regrettons vivement que quelques-uns de nos clients soient restés *réfractaires;* il est vrai qu'ils ont été si souvent trompés! De nouveau, nous les engageons à nous demander un spécimen que nous leur enverrons franco immédiatement.

L'ensemble composé de :

L'eau lustrale pour dégraisser l'épreuve ;
1 Spécimen,
10 Flacons de Couleurs,
1 Agitateur en cristal,
4 Pinceaux,
1 Godet or,
1 Godet argent,
1 Instruction,
La Boîte,
L'emballage,

} Coûte 25 Francs (1).

Moyen d'employer ces couleurs

Avec un pinceau mouillé d'eau lustrale, lavez l'épreuve ; lorsque l'eau adhère, qu'elle ne se retire plus, comme sur un corps gras, laissez sécher à peu près.

L'épreuve encore humide, posez sur la pommette des joues un point de couleur chair, n° 3 ; mouillez un peu le pinceau et, faisant un cercle autour de la couleur que vous avez posée, fondez-la ; puis, avec un pinceau propre et mouillé d'eau, lavez la couleur que vous venez de poser, comme pour effacer le tout. Ceci a pour effet d'empêcher la couleur de monter et de se fixer, car vous ne seriez plus maître d'affaiblir le coloris, et les joues pourraient être trop rouges ; donc il vaut mieux rester en deçà que de dépasser le ton, puisque vous pouvez le remonter en repassant ou cette même couleur chair, ou un autre ton moins brillant, etc. Ceci fait, prenez un peu du n° 3, mouillez

(1) Le prix de chaque flacon est de 2 francs.

d'eau votre pinceau, de crainte que ce ton ne soit trop fort, et passez-le sur le reste de la figure, ne réservant que le haut de la pommette, le côté du front éclairé et la côte du nez, trois parties qui doivent rester blanches (lumineuses); de nouveau, passez le pinceau mouillé sur toute la figure, et, si vous n'avez pas ce pinceau mouillé sous la main, ou plutôt à la main, à la mode des coloristes, qui ont un pinceau à chaque bout de la hampe, léchez hardiment le coloris que vous venez de poser. Les mains, les épaules, les bras se font avec le n° 3, additionné d'eau, même tout d'abord, de crainte de faire trop foncé. N'oubliez pas que ces couleurs s'incorporent à la pâte du papier et qu'elles résistent aux lavages, qu'elles n'altèrent pas l'épreuve, et qu'il vaut mieux passer plusieurs tons l'un sur l'autre que de faire une carnation trop vive, qu'on ne peut plus ni modifier, ni effacer.

Du reste, en moins de temps qu'il n'en faut pour lire cet article, l'apprenti aura compris; il sera passé maître infailliblement au troisième coloriage.

Quant aux accessoires, robes, rideaux, tapis, ce n'est plus qu'un jeu; si l'épreuve a été bien décapée, la couleur pénètre sans se retirer; il n'est besoin que de suivre les contours. Si le ton qu'on vient d'appliquer ne convient pas, on peut le couvrir d'une couleur différente; elle s'applique tout aussi bien, mieux même, et conserve le même éclat à l'albumine. Si, par places, la couleur se retire comme sur un corps gras, il ne faut pas craindre de lécher et repasser le pinceau, afin de décaper de nouveau; le travail existant déjà n'aura nullement à en souffrir. En un mot, toute couche, une fois posée, est inaltérable et surtout lorsqu'elle est sèche; balayée avec un pinceau mouillé d'eau, elle se fond et s'harmonise. Pour les rideaux à dispositions de diverses couleurs, ainsi que pour les tapis, on peut coucher d'abord une couleur, en réservant l'autre, ou bien coucher également le tout, quand cette partie est sèche, et l'on peut s'aider du feu à cet effet. On peut repasser sur certains dessins une couleur plus forte.

Exemples : une tenture à deux couleurs peut recevoir d'abord une couche de *terre de Sienne brûlée ;* lorsque cette couche est sèche, on peut passer du *carmin* sur les fleurs, etc, ou en vert d'abord et carmin ensuite, etc.

Les fonds de photographie, qui sont d'un gris ardoise ou noir, peuvent être couchés de *mine orange* ou de *vert ;* en un mot, ceci est un peu la fantaisie du peintre.

Un habit, une robe de soie un peu trop venus, un peu gris, peuvent recevoir une couche du *noir-habit,* qui donne à cette partie le noir qu'il eût dû conserver, si le cliché eût été parfait.

Il est bien des points sur lesquels nous avons glissé rapidement, et quelques-uns encore que nous n'avons pas effleurés, bien persuadé que chacun se fera une méthode et deviendra vite professeur à son tour.

Résumons-nous.

Les cheveux se font avec le *noir-habit;* s'ils ont besoin d'être retouchés, s'entend, ou avec la *mine orange,* s'ils sont blonds ; un peu de couleur chair, passé par dessus, ne nuit en rien à la vérité de la ressemblance, s'ils sont un peu ardents. La chair *n°* 2 fait les parties animées, les lèvres, etc; le *n°* 3, mêlé d'eau, fait le ton local, et, si la carnation est terne, bilieuse ou masculine mêlée d'un peu de *terre de Sienne brûlée*, ou de *mine orange.*

Ce même *numéro* pur fait le grand angle de l'œil, l'intérieur de l'oreille, etc. Le *carmin,* aux rubans; le *bleu,* le *violet,* de même; le *chrôme,* aux gants, etc.

Le paysage

Le *paysage* est encore plus facile à colorier. Appliquées aux stéréoscopes-*vues*, ces couleurs sont d'un ravissant effet ; la partie, qui demande le plus de soin, est le ciel ; il faut tenir l'épreuve, l'horizon en haut, et commencer par là. On promène le pinceau de gauche à droite, imprégné de couleur légèrement additionnée d'eau ; cette teinte, bleu pâle, suit le mouvement du pinceau ; il ne s'agit que de la mener sans *ondes*, égale, en un mot, et par le même procédé indiqué, *lavages*. Lorsque le ciel est sec, on doit coucher un peu de ton chair ou le ton violet mêlé d'eau, vers l'horizon, toujours en fondant avec de l'eau ; si le ciel a des arbres, on passe par dessus. Cette nuance ne nuit en rien au vert, dont on doit les couvrir. S'il y a plusieurs plans d'arbres, on peut les coucher tous d'un ton vert uniforme, cela va plus vite ; puis on passe des violets sur les plans lointains, arbres, etc. ; des bleus, sur ceux qui se rapprochent, et enfin, de la terre de *Sienne brûlée* ou de la mine orange sur les premiers plans, arbres, rochers, terrains, etc.

Cette leçon écrite, si bien faite pour effrayer, ne demande pas 10 minutes pour être mise à exécution, et nous avons presque des remords de l'avoir faite si longue, nous craignons la susceptibilité de nos clients qui, après le premier essai, pourront croire que nous avons douté de leur intelligence.

Lorsque l'épreuve est terminée, elle est inaltérable et n'a rien perdu de son éclat. Si on la satine, si on l'encaustique, elle est bien plus belle encore. L'encaustique sans le satinage peut suffire.

Combinaison des Tons.

N° 1. Le carmin ne doit jamais servir aux carnations ; mêlé dans diverses proportions au chrôme, il donne une couleur orange vive et brillante. Cette couleur peut faire d'un fond blanc un fond de peinture byzantine ravissant.

N° 2. Peut faire les fleurs, les rubans, etc.; mêlé au bleu il donne des violets légers ; la mine orange modifie les verts.

La terre de Sienne brûlée, modifie les tons de chair n° 3, souvent trop vifs, trop frais.

Le bleu mêlé d'un peu d'eau, fait les ciels ; il fait les rochers lointains, les premières couches, du moins, pour les robes, les rideaux, etc.; il faut l'employer pur.

Pour le violet, même emploi.

En un mot, nous le répétons, toutes ces couleurs mélangées au bout de l'agitateur, au moment de l'emploi et au gré de l'opérateur, donnent tous les tons de la palette.

Dans les mains d'un peintre aquarelliste, elles sont d'une utilité absolue ; en moins de 10 minutes il a terminé son œuvre, et si l'épreuve est foncièrement mauvaise, il peut, avec des aplatés combinés, remonter les tons, détruire les taches et terminer même par quelques dernières touches avec les couleurs en tablette pour faire une œuvre remarquable d'une image qu'il eût dû rejeter sans ce nouveau procédé, et disons tout de suite que l'opérateur le plus étranger au dessin et à la peinture, deviendra, en quelques jours, un peintre habile, à tous égards, et n'aura besoin de confier à personne le soin de ses retouches et de ses succès.

———

A. BELLOC. — PARIS

PRIX-COURANT 1866

PRODUITS CHIMIQUES PURS

POUR LA PHOTOGRAPHIE

USINE A NOGENT

COMMISSION POUR LES ARTS ET LES SCIENCES

Magasin d'expédition, Ateliers et Terrasses d'essai

16, Rue de Lancry, 16

PRIX-COURANT

Nous prions nos clients de ne pas noyer les articles demandés dans le corps de la lettre, mais d'en faire une liste. Si ces articles sont *nomenclaturés* au prix-courant, copier textuellement. Si c'est un objet à fabriquer ou à demander ailleurs, donner les plus grands renseignements possibles.

Il est important d'accompagner la demande de la mention par *grande* ou *petite vitesse* ; lorsqu'il s'agit d'un petit colis, il y a avantage à *recevoir* par *grande*.

La poste se charge des paquets sans valeur, jusqu'à 300 grammes de poids, et 25 centimètres de grandeur. Elle ne reçoit ni liquides, ni matières *inflammables*, ni matières d'or ou d'argent ; lorsque nous envoyons du nitrate d'argent ou du chlorure d'or par la poste, il est mieux d'envoyer en valeur cotée, — c'est une garantie pour le client — car si nous ne prenons pas cette précaution et que le paquet soit perdu, la poste ne remboursant pas les paquets échantillon, le client risque à perdre, sans recours, le montant de l'envoi, — donc, tout client qui désire recevoir, jusqu'à 30 fr.— de valeur par la poste. doit tenir compte de l'augmentation de 0,70, en plus pour affranchir et garantie.

Nos conseils sont acquis à nos clients, soit de vive

voix, soit par correspondance, et ce sera toujours un plaisir autant qu'un devoir pour nous, de leur indiquer les moyens de surmonter les difficultés qu'ils pourraient rencontrer.

Aujourd'hui que chacun a pu comprendre que l'achat d'un système à agrandissements était trop onéreux, eu égard au peu de portraits de ce genre, qu'on a à exécuter, il s'est créé à Paris des spécialistes qui, moyennant 20 fr. peuvent reproduire en grandeur naturelle un portrait buste, et pour 12 ou 15 fr. une demi-grandeur.

Paris étant le pays de la retouche par excellence, nous nous offrons à nos clients, comme intermédiaire, et nous chargerons de leurs reproductions et retouches.

Pour faciliter aux amateurs et aux artistes l'émission de leurs épreuves, nous nous chargerons des tirages de leurs clichés au prix de revient seulement et calculé sur une grande échelle ; de telle sorte que ce tirage sera accompli à meilleur marché que par l'opérateur lui-même, en même temps qu'il sera irréprochable.

PRIX DU TIRAGE (1) :

Stéréoscopes. — Papier albuminé viré au chlorure d'or, monté sur beau bristol satiné, la douzaine	3 fr.	»
1/4	3	»
1/2	5	»
1/1	10	»
Cartes de visites virées sur albumine, le cent, non encartées	17	»
— le cent montées satinées	25	»

Nous nous chargerons également de la vente des résidus d'or et argent, provenant des laboratoires de nos clients (voir la *Photographie rationnelle*), ainsi que des réparations à faire à leurs appareils.

(1) Nous achetons les clichés de stéréoscope.

Nous nous chargerons également des abonnements au bulletin de la *Société française de photographie*, le seul des journaux convenant à l'opérateur.

Conditions de l'abonnement :

Départements.............................. 12 fr.
Etranger.................................. 15

On ne s'abonne pas pour moins d'un an.

On est prié de n'envoyer que des timbres-poste de 10 et de 20 centimes, pour les commandes ne dépassant pas 10 francs; au dessus, il nous sera plus agréable de recevoir en mandats de poste.

PRIX-COURANT EXCEPTIONNEL

Pour les clients qui enverront l'argent d'avance

Ces prix sont relativement si bas, appliqués à des produits purs et parfaits, qu'il nous a paru utile de motiver un si grand rabais par quelques considérations générales, que nous allons crayonner à grands traits pour la plus grande édification du consommateur.

Dans le monde photographique, on croit assez généralement que les fournisseurs d'articles et de produits pour la photographie, sont divisés en deux catégories ; l'une fabriquant, l'autre revendant, celle-ci achetant à la première et faisant, par conséquent, payer beaucoup plus cher. Aussi le consommateur croit-il faire bien, en s'adressant à ces dits fabricants, c'est ce que notre correspondance nous apprend tous les jours. Les voyageurs qui visitent les villes de province, pour le compte de ces maisons, auxquelles ils donnent le nom exclusif et pompeux de fabrique, en rabaissant celles qu'ils appellent assez dédaigneusement fournisseurs, n'ont pas peu contribué à répandre cette erreur.

Ne serait-il pas temps de réclamer contre ces prétentions? De ce que nous n'avons pas un voyageur qui fait l'article pour nous, devons-nous accepter de telles assertions?

Nous sommes tous fournisseurs au même titre et nul parmi nous n'est fabricant. Le fabricant ne produit qu'un article et ne détaille pas.

Nous tirons tous également les produits des fabriques spéciales. — Voilà la vérité :

L'alcool et l'éther de Nîmes, du Perthuis, de Rouen ou de Lille.

L'hyposulfite de soude se fabrique dans une soudière, c'est-à-dire dans un lieu spécial, où l'on fabrique tout ce qui a rapport à ces alcalis; les acides, acétique cristallisable, pyroligneux, du Verdet ou de bon goût, sont le fait d'une fabrication spéciale, et c'est de cette fabrique que nous les tirons. L'acide pyrogallique est aussi le résultat d'une fabrication en grand ; celui qui voudrait fabriquer ce produit pour les besoins de ses fournitures, le payerait 50 pour 100 plus cher qu'il ne l'achète.

Les iodures et les brômures nous viennent de Granville ou du Conquet.

La fabrication du papier albuminé est concentrée aujourd'hui sur quatre ou cinq maisons de Paris.

En un mot, dans nos USINES, on ne fabrique guère que les articles que l'on appelle photogéniques, tels que le nitrate d'argent, le chlorure d'or, les liqueurs génératrices, les collodions, le coton soluble, etc.

Encore même pour ce dernier article, il s'est créé, il y a quelque temps, non pas à Paris, mais en Champagne, une fabrique spéciale, qui ne produit pas moins de 100 k. par jour. Ce qui prouve qu'il y a toujours non-seulement économie à s'adresser à la spécialité, mais encore profit, au point de vue de la bonté du produit lui-même.

Quel est donc le fabricant qui peut fabriquer l'alcool, l'éther, l'hyposulfite, etc., etc., dans une même usine, ces produits chimiques diamétralement opposés, qui tous exigent des espaces immenses et séparés ?

Donc, tous les produits à peu près sont le résultat d'une fabrication spéciale, et en grand, et au double point de vue, de la qualité et du bon marché, chacun sait bien que cela doit être ainsi.

Pour être conséquent, nous ajouterons que celui-là seul, qui s'occupe de photographie tous les jours, qui, forcément doit employer les produits qu'il reçoit et qu'il expédie, ne peut que satisfaire aux exigences de sa clientèle, s'il travaille avec ces produits et avec succès.

Reste à résoudre la question des prix, et nous l'avons résolue en faisant subir une baisse considérable sur tous les articles, tout en conservant les premières marques et les plus belles qualités.

C'est une réforme que nous nous proposons d'inaugurer en faveur de tout client qui enverra un mandat-poste avec la commande.

Nous ne serons donc pas un simple fournisseur, achetant au hasard et revendant en deuxième ou troisième main, mais bien un intermédiaire direct entre le vrai producteur et le consommateur, lorsque nous ne fabriquerons pas nous-même, ce qui nous arrive, cependant, assez souvent pour avoir le droit de revendiquer le titre de fabricant, au besoin.

A. Belloc.

NOMENCLATURE (1)

DES PRIX EXCEPTIONNELS POUR TOUS CEUX QUI PAYERONT D'AVANCE.

Flacons et emballages en sus.

Acide acétique cristall., parfaitement pur,	le kilo	5 »
Id. pyrogallique, Id.	le kilo	85 »
Alcool de vin rectifié à 40°,	le litre	2 80
Chlorure d'or très-pur,	le gramme	2 15
Id. double d'or et de soude		2 15
Collodion normal,	le litre	6 »
Id. ioduré,	le flacon de 100 grammes	2 »
Coton soluble,	le kilo	40 »
Cyanure de potassium,	le kilo	7 »
Ether rectifié à 62°,	le litre	4 »
Hyposulfite de soude,	le kilo	» 70
Nitrate d'argent, cristall. deux fois ou fondu,	le kilo (2)	165 »
Sulfate de fer pur, lavé,	par kilo	» 75
Sulfate de fer ammoniacal,	par kilo	1 50
Vernis blanc pour négatif,	le litre	8 »
Papier albuminé, choix sur choix Rives	(la main)	5 »

Machines à satiner

SÉRIE N° 1

A pression équilibrée et frotteur du cylindre supérieur système perfectionné

N° 1 Grandeur de la plaque d'acier 21— 27— 150 fr.

(1) Les autres articles, fournitures de toutes sortes, subiront un rabais proportionnel, selon l'article et l'importance de la commande.

(2) Voir l'autre partie du prix courant. Par flacon de 500 gr. *porte* la marque du poinçon de l'essayeur.

N° 2 Grandeur de la plaque d'acier		26— 32— 190
3	id.	30— 38— 270
4	id.	35— 45— 360
5	id.	40— 55— 450
6	id.	52— 65— 500
7	id.	60— 85— 800
8	id.	70—105—1200
9	id.	90—120—1500

SÉRIE N° 2

N° 1 Grandeur de la plaque d'acier		12—20— 60 fr.
2	id.	21—27— 90
3	id.	26—32—100
4	id.	30—38—220
5	id.	35—45—260

Fonds divers toile drapée sans couture, quelle que soit la couleur; on peut demander des échantillons :

Le mètre carré, 7 francs.

Paysages exécutés par de grands décorateurs, toile et huile, le mètre carré 12 francs.

Salon Louis XIV et autres, le mètre carré, 12 fr. (1).

Verre vignettes pour fonds dégradés.

Pour cartes grand modèle extérieur			......	2 fr.	» c.
Id.	1/4	id.	id.	2	50
Id.	1/2	id.	id.	3	»
Id.	1/1	id.	id.	4	50
Id.	1/1 sur extra, c. à d. verre 21 + 27. .			6	»

Pour obtenir un bon effet avec ce verre, il faut le mettre sur la glace du châssis, et non dans le châssis lui-même avec le cliché, car la vignette, étant peu fondue, donnerait

(1) Notre Prix-Courant devant être envoyé en quantité considérable nous le faisons aussi court que possible, pour cause d'économie; mais nos clients peuvent être persuadés qu'ils trouveront dans notre maison tout ce qu'ils pourront désirer se rattachant à la photographie.

un contour trop arrêté. En hiver, on peut mettre la vignette sur la glace du châssis, sur 4 petites boules de cire à modeler, ce qui élève le verre, fond mieux et permet de manœuvrer la vignette suivant les effets à obtenir, en dégradant plus loin ou plus près de la tête, etc. ; mais, en été, la cire fond, la vignette se déplace, on est obligé de l'arrêter avec du papier gommé.

Combinaisons pour les objectifs

Dans le système à vannes, qui est aujourd'hui généralement adopté, il suffit de mettre le plus petit diaphragme pour obtenir le paysage et une reproduction dans de bonnes conditions ; cependant, pour que cette combinaison soit parfaite, il faut : enlever le barillet porte-lentille de derrière, celui qui est dans la chambre, et le remplacer par celui qui est devant. Le pavillon *(parasoleil)* et la lentille de derrière ne servent plus. Il n'y a qu'à mettre un petit diaphragme.

Objectifs supérieurs essayés avant l'envoi

REPRODUCTIONS ET PAYSAGES

Doubles pour portraits, sans foyer chimique, monture à crémaillère :

1/4 de plaque 0m,44 paysages et portraits......	25	»
1/2 plaque 63mm pour portraits et paysages....	60	»
Plaque normale 81mm pour portraits et reprod.	140	»
Pour chambre 21-27, 85mm, portraits et reprod.	300	»
Pour chambre 27-35, 110mm, portraits et repro.	360	»
140mm pour portraits et reproductions..........	600	»

Simples, pour vues et reproductions, monture sans crémaillère :

1/2 plaque, 44mm..............................	12	»
1/2 plaque, 63mm..............................	25	»

Plaque normale, 81^{mm}	68 »
— 110^{mm}	110 »
— 140^{mm}	225 »

BINOCULAIRES :

Deux objectifs, 1/4 de plaque pour stéréoscopes.	60 »
— 1/2 plaque cartes de visite et stéréoscopes	100 »
Une loupe microscopique pour mettre au foyer..	8 »
1 compte fil pour id. id.	2 50

Chambres noires

Pour portraits à un tiroir, deux châssis et glace dépolie :

Pour 1/4 de plaque	9—12	16 »
Pour 1/2 plaque	13 18	22 »
Pour plaque normale	18 24	30 »
Estr	21 27	45 »

Pour paysages et portraits, deux châssis et une glace dépolie :

Pour un 1/4 à *soufflet* carré..................	24 »
Carré pour 1/2 *id*..........................	40 »
Pour plaque normale, *id*..........................	60 »
Pour 21—27, à chariot et à crémaillère mobile avec deux châssis à rideaux; s'appliquant sans coulisses, etc., brevetée..................	95 »
Pour 27—33 ou 35	120 »

Les grandeurs au-dessus de gré à gré, prix proportionnel à la grandeur.

Chambres binoculaires

Pour cartes de visites et stéréoscopes à soufflets glace dépolie, deux châssis à collodion 10-20.	30 »
Pour stéréoscopes, id. id., glace 9—17 1/2.....	28

Pieds porte-appareil d'atelier

Pour normale en chêne,	à pédale,	bascule, etc..	28	»
Pour 21—27	id.	id.	35	»
Pour 27—35	id.	id.	40	»
Avec vis sans fin			55	»

Pieds porte-appareil de campagne

Pliants, rentrants, vis à écrou, planchette pour être adaptée sous la chambre noire afin de l'y fixer

Pour 1/4 et 2/2	11	»
Avec planchette-support pour normale	13	»
id. pour 21—27	15	»
id. pour 27—35	20	»

Appui-tête

En bois, se fixant au siége	6	»
En fer et cuivre, id. double genouillère	10	»
En fer, à mouvement appui-reins	30	»
Id. plus fort	36	»
Id. autre système	40	»

Boîte à glaces

En bois blanc, 12 rainures sans poignée :

Pour 1/4	9—12 (1).		2	»
Pour 1/2	13	18	2	»
Pour cartes de visite binoculaires .	10	20	2	75
Pour stéréoscopes	9	17 1/2.	2	75
Pour normale	18	24	3	25

(1) Il est très-important que toute demande de glaces, de châssis, de passe-partout, cadres, etc., en un mot, de tout ce qui doit être ajusté à l'appareil de l'opérateur, soit accompagnée de la mention en millimètres, déterminant la grandeur précise.

Pour normale sur extra 21 27	4 »
Pour glaces .... 27—33 ou 27 35	5 »
Id. 30 40	6 50
En bois blanc, 24 rainures, avec poignée :	
Pour 1/4	3 »
Pour 1/2	3 50
Pour 12—21 ou 10—20	4 »
Pour stéréoscopes	3 50
Pour normale	4 »
Pour 21—27	5 »
Pour 27 33 ou 35	6 50
Pour 30 40	7 »

Boîte polisseuse complète

Composée de :

La boîte en carton	1 50
1 crochet en argenté	» 75
1 pinceau à épousseter la glace	» 75
2 tampons en peau de daim	1 50
1 boîte-tamis pour la craie	» 75
1 carré de peau de daim	1 50
(1) Boîte pour conserver les papiers positifs préparés pour 21—27	15 »
Pour 1/2	10 »
Boîte complète à couleurs pour aquarelle	8 »
Id. id. id. supérieure	12 »
Carmin fin, le tube	1 »
Bleu d'outre-mer, le tube	» 75
Les autres tubes	» 50
Godet or	» 50

(1) S'il est vrai que le chlorure de calcium ait la propriété d'empêcher les papiers préparés de jaunir, chacun peut se fabriquer une boîte séparée en deux parties, au moyen d'un zinc ou tout simplement d'un carton troué, dont la partie inférieure sera garnie de 250 grammes de chlorure de calcium et la partie supérieure libre du papier préparé.

Godet argent	» 30
Martre fine, différentes dimensions, le pinceau	» 30

Châssis

CHASSIS-PRESSE POSITIFS

en hêtre ou en chêne avec glace forte et ressorts

Pour 1/4	4 50
— 1/2	6 »
— normale	8 »
— 21—27	10 »
— 27—35	14 »

Planchettes à polir les glaces

Pour 1/4 et 1/2	3 »
— normale et 21—27	4 »
— 27—33, etc.	6 »

Cuvettes horizontales en gutta-percha

Profondes à recouvrement pour bain d'argent :

Pour 1/4	3 »
— 1/2	4 »
Pour normale	6 »
— 23—35	7 »
— 27—33	9 »

Plates pour solutions et autres bains :

Pour 1/4	1 50
— 1/2	2 50
— normale	3 50
— 22—30	4 50
— 28—38	7 »

Accessoires en gutta-percha

La collection des quatre entonnoirs entrant l'un dans l'autre	3 »
Un pot en gutta-percha pour solution d'hyposulfite	3 50

Vase à bec et à anse pour verser l'acide pyrogallique................................ 1 50

Cuvettes en porcelaine

Centimètres.		
11—13		0 70
12 15		0 85
10 20	stéréoscopes	1 10
13 18		1 60
15 20		1 80
22 27		2 80
24 30		3 80
30 36		7 60
31 44		11 »
38 55		25 »

Glaces minces rodées pour négatifs

Pour 1/4		9—12	la pièce, 1er ch..	» 35
—	stéréoscopes	9 17 1/2	—	» 60
—		13 18	—	» 85
—		10 20	—	» 90
—	normale,	18 24	—	1 30
—	—	21 27	—	1 60
—	—	27 33	—	3 »

Verres dépolis doucis

DEMI-DOUBLES, DOUBLE DOUCI

Sur		10—13	» 45
—	1/2	14 19	» 75
—	normale,	19 25	1 25
—		21 27 ou 22—28	1 50
—		27 35 28 36	2 »

Verres blancs pour négatifs

1re QUALITÉ

Rodés pour 1/4	9—12,	1er choix, la douz..	» 80
Pour stéréoscopes,	9 17 1/2	—	2 »

— 1/2	13	18 1er choix,	— douzaine.	2	40
— cartes de vis.,	12	21 ou 10 10—20	—	3	»
— normale,	18	24	—	4	»

Calibres en glace forte doucie

Pour cartes de visite......................	1 25
— couper l'image stéréoscopique obtenue par le binoculaire..........................	2 »
— couper les images stéréoscopiques accouplées	2 50
Pour 1/4 à coins ou carré..................	2 50
— 1/2..............................	3 50
— normale...	4 50
— 21—27............................	5 »
Equerre de 35 centimètres..................	6 »

Glaces fortes pour châssis

De 15—21..............................	1 50
20 26..............................	1 80
24 30..............................	3 50
30 36..............................	5 »

Verres gradués

EN CENTIMÈTRES CUBES OU GRAMMES

Verre gradué en deux de	50 et 100 cc.	1 50
Le même gradué de	1 à 125	2 25
Verre gradué de	30 et 60	1 50
Le même, de	1 à 60	2 »
Verre gradué de	1 à 15	1 50
Verres à expériences, comme les précédents, mais sans graduations		» 35

Accessoires divers

Agate à polir pour satiner..................	2 50

Agitateur en cristal, suivant la force...... 15 à	»	30
Balance à bascules (1) avec poids, depuis la fraction du grammme jusqu'à 100..........	12	»
Cadre en bois pour servir à développer l'image, à ....3 et	5	»
Capsule porcelaine allant au feu, de 250 gr...	2	»
— — — 500 ..	2	75
— — — 1,000 ..	4	»
Crochets en argent..........................	2	»
— argentés..........................	»	75
Diamants de vitrier, suivant la force, de 6, 10 et	15	»
Doigtier en caoutchouc, la pièce.............	»	20
Egouttoirs, 16 rainures pour glaces négatives...	3	»
Eprouvettes graduées, de....................1 à	4	»
Gants en caoutchouc, la paire...............	7	»
Loupe de 60 à 80 millimètres	6	»
Niveau d'eau, de..........................2 à	5	»
Mortier et pilon en cristal de 250 gr......	3	25
— — — 500	6	»
— — — 1,000	10	»
Patère pneumatique pour saisir les grandes glaces	5	»
Peau de daim, suivant la grandeur, de........5 à	6	»
Pince-glace pour saisir la glace stéréoscope....	5	»
Pince en buffle, la pièce......................	»	50
Pince au blaireau, fort, pour épousseter la glace.	»	75
Pèse-alcool..................................	1	50
Pèse-éther..................................	1	50
Pèse-sel..................................	1	50
Porte-entonnoir en fer.........................	3	»
Pointes à couper le bristol....................	»	75
Pointes en diamant pour écrire sur le verre....	2	»
Presse en fonte ou serre-joint................	2	»

(1) Les balances dites à trébuchet ou à étrier ne conviennent nullement à la photographie.

Sabliers compteurs de 30// à 5/. de............1 à 3 »
Toile cirée très-belle, le mètre............... 3 50
Vase à bec en cristal pour le pyrogallique...... 1 50

Papiers divers

La rame est composée de 20 mains, la main, de 24 feuilles.

La conservation du papier à plat exige un portefeuille ou des plateaux lorsque l'envoi se compose de 5 ou 6 mains. Il serait imprudent de le rouler. — Si on le demande roulé par une ou deux mains grandeur entière, il est bon qu'il soit roulé sur une main de papier buvard, toujours utile à l'opérateur.

Papier buvard fort, la main .... 1 »
— Joseph très-beau, la main............. » 40
— saxe supérieur, — 4 50
— — salé, — .... 5 »
— Blanchet et Kl., de Rives, albuminé, salé supérieur, 1er choix, la main.............. 6 50

Nous avons renoncé aux secondes qualités ; quel qu'en soit le prix, il est toujours trop élevé pour le profit que l'opérateur peut en tirer.

Liasse de filtres ronds de Prat. 33............ 1 25
— — 45............ 2 20
Papier noir velouté pour positifs directs, la feuille » 30
— — non velouté.................... » 10
— jaune pour laboratoire................. » 10

Carton bristol en feuilles entières

Raisin en 3, très-beau, pour cartes, le cent.... 32 »
— en 4, très-fort. sans boutons, — .... 38 »
Jésus en 3, beau, sans boutons............. 38 »
— en 4, très-fort.................... 42 »

Coupé en 2 ou 4 émargé

Coupé pour stéréos., très-beau, sans bout. le cent 2 50
— pour cartes de visite sans filet.......... 1 »
— id. avec filet rouge, bleu, noir, etc........................ 1 50
Médaillons ovales avec ornements divers...... 3 50
Emporte-pièce pour couper la carte ovale...... 5 »
Grand choix de bristols de tout genre, chine, etc., sur toutes grandeurs. Entourages divers, etc.
Carte blanche médaillons.................... 3 »
Id. chine id. 3 30
Id. sépia id. .... 4 »

Passe-partout

POUR CARTES DE VISITE

Très-beaux ordinaires : la douzaine........... 1 50
N° 18 carrés, la douzaine.................. 2 50
65 — 2 75
75 — .... 3 »
18 Carrés artistiques, la douzaine......... 3 »
Ovales, — .... 3 »
A porte, — .... 3 »

Fantaisie

Ces passe-partout sont faits sur commande et ne peuvent être livrés qu'après cinq jours. On peut s'en rapporter à notre choix. — On est libre de les retourner.

Peinturé, noir, écaillé, etc. (1er CHOIX)

Pour 1/9 avec anneaux. la douzaine.......... 2 »
— 1/6 .... — 2 25
— 1/4 .... — 2 75
— 1/3 .... — .... 4 »
— 1/2 .... — .... 6 »
— 1/2 .... — .... 10 »
— 1/1 sur extra . — .... 12 »

Passe-partout (SUITE)

BRISTOL BLANC (1er choix)

		fr.	c.
Pour 1/9	la douzaine .	2	»
— 1/6	— .	2	50
— 1/4	— .	3	»
— 1/3	— .	4	»
— 1/2	— .	6	»
— 1/1	— .	7	»
— 1/1 sur extra	— .	9	»
— 21 27	— .	18	»

Bristol chagriné ou teinté (1er choix)

Pour 1/2	la douzaine .	6	»
— 1/2 sur 11	— .	9	»
— 1/1 sur 1/1	— .	9	»
— 1/1 sur extra	— .	11	»
— 21 27	— .	20	»

Cadres

Pâte avec feuillures pour passe-partout, ovales ou coins ronds (ces cadres sont peu solides) :

Pour 1/6	la douzaine .	3	»
— 1/4	— .	5	»
— 1/3	— .	6	»
— 1/2	— .	8	»
— 1/1	— .	12	»
— 1/1	— .	15	»

BEAU CHOIX, TRÈS SOLIDES.

Noirs vernis, polis au tour avec feuillures pour passe-partout, ovales ou coins ronds, 1er choix :

Pour 1/6	la douzaine...	8	»
— 1/5	—	9	»
— 1/3	—	12	»
— 1/2	—	14	»
— 1/1	—	16	»

Cadres (SUITE).

		fr.	c
Pour 1/1 sur extra...........	—	20	»
— double plaque	—	28	»
Cadres à baguettes 1/2 jonc dorés pour recevoir un passe-partout extra-plaque, la pièce.......		3	»
— un normal ordinaire, la pièce.............		2	50
Cadres gondoles noirs ovales avec cercle doré, sans passe-partout, 1er choix :			
Pour 1/6....................	la douzaine...	9	»
— 1/4....................	—	12	»
— 1/3....................	—	15	»
— 1/2....................	—	18	»
— 1/1....................	—	24	»
Cadres dorés avec ornements, 4 bouquets :			
Pour recevoir un passe-partout grandeur 1/2 sur 1/1		4	»
Id. normal sur extra		5	»
Pour 1/2 sur extra............	la douzaine...	32	»
— 1/3....................	—	24	»
— 1/4....................	—	20	»
Pour 1/6....................	la douzaine...	15	»
— 1/9....................	—	12	»
Cadres en zinc fondu, gravé, doré, argenté, bronzé, etc. Batte dorée, rubans, etc...........		6	50
Très-beaux modèles pour cartes de visite, en bronze....................	la douzaine...	10	»
— à deux ouvertures....	—	24	»
— 2 en argent oxydé....	—	24	»
— en doré.............	—	12	»
— —	—	16	»
— oxydé	—	24	»
— avec passe-partout....	—	10	»
— — ..	—	15	»
Pour épreuves :			
Pour 1/6 doré	—	8	»

Cadres (SUITE).

		fr.	c.
Pour 1/4	—	15	»
— 1/2	—	30	»

Il y a dans ce genre un choix considérable dont le prix varie en plus ou moins, suivant la richesse du dessin.

Écrins.

EN PEAU, SATIN, VELOURS, DUCHESSE, ETC.

Supérieurs :

Pour 1/9	la pièce..	1	»
— 1/6	—	1	25
— 1/4	—	1	50
— 1/3	—	2	»
— 1/2	—	3	»

JUMEAUX.

Pour 1/6	la pièce..	3	»
— 1/4	—	2	50
— 1/2	—	5	25

Les formes les plus variées, les métaux les plus riches peuvent concourir à une augmentation de prix. On peut s'en rapporter à nous pour le choix et les soins apportés dans l'intérêt de nos clients.

Broches.

Broche en argent doré	6	»
— en doublé or	5	»
— plus grande, doublé or	6	»
— — —	7	»
— en cuivre doré	1	»
— 15 lignes	1	25
— 15 —	1	50
— 18 —	1	75
— — —	2	»
Cassolettes, cuivre doré, à ressorts, ciselées, etc., 2, 3 et	4	»
Fausses montres	5	»

	fr.	c.
Stéréoscopes.		
En acajou, à prismes, à charnières, la douzaine.	40	»
— pliants.............. —	45	»
En maroquinerie.............. —	36	»
— plus riche....... —	40	»
En bois, recouvert de papier noir .. —	30	»
Pliants.................... —	35	»
Albums maroquins.		
Pour 24 cartes, la pièce....................	3	50
— — — —	4	»
— — — —	5	»
— 100 — —	12	»
— 200 — —	20	»
Appareils complets.		
Appareil microscopique complet, avec glaces, mastics, stanhopes, etc....................	130	»
POUR 1/4 (0 | 12)		
1 objectif pour portraits et reproductions.......	25	»
Chambre noire ordinaire....................	16	»
Pied porte-appareil de campagne.............	10	»
Boîte à glaces........................	2	»
12 Verres rodés........................	»	80
1 Cuvette gutta pour bain négatif...........	3	»
1 Crochet en argenté....................	»	75
2 Cuvettes en porcelaine....................	1	40
1 Pinceau à épousseter....................	»	75
1 Châssis-presse....................	4	50
1 Vase à bec pour pyrogal : en cristal.........	1	50
1 Vase gradué........................	2	»
COMBINAISONS POUR STÉRÉOSCOPES.		
1 Chariot et son châssis, glace dépolie et porte-glace........................	10	»
1 planchette d'angle....................	7	»
1 Boîte à glaces........................	2	50

Appareils complets (SUITE)

		fr.	c.
12	Verres	2	»
	POUR 1/2 PLAQUE (13 | 18).		
1	Objectif 1/2 supérieur, paysages et portraits	60	»
1	Chambre noire double tirage	25	»
1	Pied de campagne	12	»
1	Boîte à glaces	2	40
12	Verres rodés premier choix	2	40
1	Crochet en argenté	»	75
1	Pinceau à épousseter	»	75
1	Châssis-Presse	6	»
1	Cuvette pour bains négatifs	4	»
2	Cuvettes plates	7	50
3	Entonnoirs en verre	»	75
1	Vase à bec pour pyrogal	1	50
1	Vase gradué	2	»
	COMBINAISON POUR STÉRÉOSCOPES.		
1	Chariot et son châssis, glace dépolie	12	»
1	Planchette d'angle	7	»
1	Boîte pour stéréoscopes	2	50
12	Verres	2	»

Au comptant 4 p. 0[0 d'escompte.

	PLAQUE NORMALE (18 | 24).		
1	Objectif supér. plaque nor., pays. et port	140	»
1	Chambre noire	38	»
1	Pied porte-appareil de campagne	15	»
1	Boîte à glaces	3	»
12	Glaces	15	60
1	Crochet en argenté	»	75
1	Planchette à polir	3	»
1	Châssis-presse	8	»
1	Cuvette pour bain négatif	6	»
3	Cuvettes plates	10	50

	fr.	c.
3 Entonnoirs................................	1	25
1 Vase à bec pour pyrogal..................	1	50
2 Vases gradués............................	4	»

Au comptant, 6 0/0 d'escompte.

EXTRA PLAQUE, SUPÉRIEUR (21 \| 27).

	fr.	c.
1 Objectif supérieur, 11 cent., pays. et port....	350	»
1 Chambre à soufflet carré, 0,80 c. de longueur, crémaillère, applique et rideau, système breveté, châssis-glace et châssis..............	95	»
1 Pied d'atelier chêne, crémaillère, etc........	35	»
1 Boîte à glaces..............................	4	50
1 Glaces fines rodées..........................	19	20
12 Crochet en argenté..........................	»	75
1 Planchette à polir...........................	4	»
1 Châssis-presse...............................	10	»
1 Cuvette pour bain d'argent...................	7	»
4 Cuvettes plates..............................	18	»
3 Entonnoirs....................................	1	25
1 Vase à bec pour pyrogal.......................	1	50
2 Vases gradués.................................	5	»

Au comptant 10 0/0 d'escompte.

Produits chimiques.

Quantité convenable pour appareil 1/4 :

	fr.	c.
1 flacon collodion ioduré, avec flacon.........	2	30
50 grammes nitrate d'argent, avec flacon......	9	10
5 — acide pyrogallique..............	»	70
50 — — acétique.................	»	50
1 kilog. hyposulfite de soude.................	»	80
100 grammes ammoniaque..........................	»	60
50 — vernis blanc pour négatif........	»	80
1/2 liasse filtre................................	»	60
1 litre virage pour papier albuminé..........	3	25
2 entonnoirs....................................	»	50

Produits chimiques (SUITE).

	fr.	c.
1/4 main papier albuminé	1	75
1 main papier buvard	1	»

En prenant pour base les produits nécessaires à l'appareil 1/4 on peut se rendre compte d'une quantité relative pour un appareil d'une dimension supérieure.

POUR LA PHOTOGRAPHIE.

Acétate (1) de soude purifié, le kilogr	4	50
Acide acétique cristallisable, parfait. pur, le kil.	6	»
— citrique, 1er blanc, diaphane cristallisé	9	»
— chlorhydrique pur	2	»
— formique pur	50	»
— gallique	30	»
— nitrique à 40°	3	»
— pyrogallique sublimé, pur	100	»
Acide sulfurique pur, le kilogr	1	»
— tartrique. 1er blanc en cristaux	7	»
Alcool de vin rectifié à 36°	3	»
— — à 40°	4	»
— ioduré (liqueur génératrice)	12	»
Ammoniaque liquide pur à 25°	3	»
Benzine incolore	3	»
Bi-carbonate de potasse pure	4	»
— de soude pur cristallisé	3	»
— — fondu	4	»
Bi-chromate de potasse	4	»
— — jaune ou rouge pur	10	»
Boîte à couleurs liquides, invent. et procédé Belloc	25	»
Brôme pur	35	»
Brômure d'ammonium	60	»

(1) Si quelques produits ont été oubliés dans la nomenclature le client peut être assuré néanmoins, de les trouver dans nos laboratoires.

Produits chimiques (SUITE).

		fr.	c.
Brômure de cadmium		60	»
— de zinc		60	»
— de potassium		60	»
Carbonate de potasse pur		10	»
Chlorure d'or, le gramme		2	25
— doublé d'or et de soude, le gramme		2	25
— de platine	—	1	10
— de sodium pur, le kilogramme		2	»
— d'ammonium		4	»
Craie lévigée		2	»
Carbonate de soude		1	»
Cire vierge pure		8	»
Citrate de fer soluble en paillettes		12	»
Collodion très-dense		8	»
— fluidité convenable		7	»
— ioduré inaltérable, le flacon		2	30
Coton soluble	le kilogr.	45	«
Cyanure de potassium en plaque	—	8	»
— — en poudre	—	15	»
Dextrine	—	1	25
Esprit de bois rectifié	—	3	»
Essence de lavande	—	8	»
— de térébenthine rectifiée	—	4	»
Éther sulfurique à 56° rectifié	—	5	»
— — à 62° —	—	6	»
— ioduré (liqueur génératrice)	—	12	»
Fluorure de potassium	—	50	»
Gélatine blanche	—	12	»
Hypochlorite de chaux pur	—	3	»
Hyposulfite de soude, 1er choix	—	»	80
Iode sublimé	—	40	»
Iodure d'ammonium }			
— de cadmium }	—	50	»
— de zinc }			

Produits chimiques (SUITE).

		fr.	c
Iodure de potassium................	le kilogr.	30	»
Kaolin, 1er blanc pur	—	2	»
Mercure métallique distillé	—	7	»
Nitrate d'argent cristallisé deux fois...	—	165	»
— — fondu —	—	170	»
Nitrate de plomb pur	—	3	»
— de potasse pur...............	—	4	»
— de zinc pur	—	40	»
Phosphate de soude pur.............	—	4	»
Porée rouge pour polir le verre.......	—	4	»
Sulfure de potassium	—	1	50
Potasse caustique en plaque	—	4	»
Proto-chlorure de mercure..........	—	8	»
Sel ammoniac brut................	—	1	»
— — rectifié.............	—	4	»
— — blanc pur...........	—	4	50
Sucre de lait.....................	—	4	»
Sulfate de fer pur lavé.	—	1	»
Sulfate de fer ammoniacal	—	1	75
Vernis blanc pour négatif............	le litre.	12	»
— noir pour positif	—	12	»
— rose.......................	—	12	»
Virage pour épreuves, albumine	le kilogr.	3	»
Bitume de Judée	—	4	»
Bromure de chaux.................	—	24	»
Chloro-bromure de chaux	—	30	»
Chlorure d'or pur neutre brun........	—	2	25
Chlorure double d'or et de potassium..	—	2	25
Chlorure de baryum...............	—	2	»
Chloroforme.....................	—	20	»
Chlorure de calcium...............	—	2	»
Coton cardé......................	—	7	»
Cyanoferrure de potassium	—	6	»
Huile de naphthe rectifiée	—	6	»

Produits chimiques (SUITE).

		fr.	c.
Hydromélite......................	—	12	»
Nitrate d'urane	le kilogr.	70	»
Or mussif........................	—	25	»
Poudre de charbon végétal	—	4	»
Teinture de tournesol.............	—	5	»
Feuille de tournesol................	—	»	15

Tous les **Produits chimiques photogéniques** sont spécialement préparés par nous-même, et tous les jours un opérateur, sous nos yeux, en fait l'essai en faisant des portraits pour le public. Il en est de même pour les **Papiers salés et albuminés.**— Notre tirage étant quotidiennement de cinq à six cents épreuves, nous gardons pour nous le rebut, et nous n'expédions que les bonnes feuilles.

Exposition générale de Paris, Londres, Amsterdam, *Bruxelles, Toulouse, Alençon, etc.*

Plusieurs Médailles et Mentions honorables.

ATELIER SPECIAL POUR LES LEÇONS DE PHOTOGRAPHIE

La *Photographie rationnelle*, traité de 500 pages de A. Belloc, sera envoyée *gratis* avec toute demande dépassant 30 fr.

Les huit *Traités* précédents du même auteur sont complétement épuisés.

Le *Traité de Photographie opératoire* vient de paraître, en vente chez l'auteur, et chez Leiber, éditeur, rue de Seine, 13.— 1 fr.

Seul dépositaire des derniers exemplaires de la *Photographie rationnelle*.

VERSAILLES. — IMPRIMERIE CERF, 59. RUE DU PLESSIS.

www.ingramcontent.com/pod-product-compliance
Ingram Content Group UK Ltd.
Pitfield, Milton Keynes, MK11 3LW, UK
UKHW020347250726
13967UKWH00005B/2165